AF151031

BEI GRIN MACHT SICH IHR WISSEN BEZAHLT

- Wir veröffentlichen Ihre Hausarbeit, Bachelor- und Masterarbeit

- Ihr eigenes eBook und Buch - weltweit in allen wichtigen Shops

- Verdienen Sie an jedem Verkauf

Jetzt bei www.GRIN.com hochladen und kostenlos publizieren

Lena Worobiewa

Die Wirkung von Computerspielen

Ein Überblick aktueller Forschung

GRIN Verlag

Bibliografische Information der Deutschen Nationalbibliothek:

Die Deutsche Bibliothek verzeichnet diese Publikation in der Deutschen National-
bibliografie; detaillierte bibliografische Daten sind im Internet über http://dnb.d-
nb.de/ abrufbar.

Dieses Werk sowie alle darin enthaltenen einzelnen Beiträge und Abbildungen
sind urheberrechtlich geschützt. Jede Verwertung, die nicht ausdrücklich vom
Urheberrechtsschutz zugelassen ist, bedarf der vorherigen Zustimmung des Verla-
ges. Das gilt insbesondere für Vervielfältigungen, Bearbeitungen, Übersetzungen,
Mikroverfilmungen, Auswertungen durch Datenbanken und für die Einspeicherung
und Verarbeitung in elektronische Systeme. Alle Rechte, auch die des auszugsweisen
Nachdrucks, der fotomechanischen Wiedergabe (einschließlich Mikrokopie) sowie
der Auswertung durch Datenbanken oder ähnliche Einrichtungen, vorbehalten.

Impressum:

Copyright © 2013 GRIN Verlag GmbH
Druck und Bindung: Books on Demand GmbH, Norderstedt Germany
ISBN: 978-3-656-43674-4

Dieses Buch bei GRIN:

http://www.grin.com/de/e-book/214561/die-wirkung-von-computerspielen

GRIN - Your knowledge has value

Der GRIN Verlag publiziert seit 1998 wissenschaftliche Arbeiten von Studenten, Hochschullehrern und anderen Akademikern als eBook und gedrucktes Buch. Die Verlagswebsite www.grin.com ist die ideale Plattform zur Veröffentlichung von Hausarbeiten, Abschlussarbeiten, wissenschaftlichen Aufsätzen, Dissertationen und Fachbüchern.

Besuchen Sie uns im Internet:

http://www.grin.com/

http://www.facebook.com/grincom

http://www.twitter.com/grin_com

U N I K A S S E L
V E R S I T Ä T

Hausarbeit

zum Thema

Die Wirkung von Computerspielen

– Ein Überblick aktueller Forschung –

Inhaltsverzeichnis

1 Einleitung

Schlagzeilen wie „Machen Videospiele wirklich dumm?" (FAZ, 26.11.2006), „Ballerspiele machen auf Dauer immer aggressiver" (Die Welt, 11.10.2012) oder „Müssen „Killerspiele" verboten werden?" (Stern, 21.11.2006) machen eines deutlich: Computerspiele werden häufig in ein negatives Licht gerückt. Dabei ist die Annahme, dass sich Gewalthandlungen in der virtuellen Welt auch gewaltfördernd auf das Alltagsverhalten der Spieler auswirken, weit verbreitet. In der öffentlichen Debatte sind die Wirkungen von Computerspielen seit langem ein kontrovers diskutiertes Thema.

Emsdetten in Nordrhein-Westfalen, 20. November 2006. Mit einer schwarzen Sturmhaube und schwarzen Handschuhen bekleidet stürmt der 18-jährige Sebastian B. das Schulgebäude der Geschwister-Scholl-Realschule. Mit vier Waffen, mehreren Sprengsätzen, Rohrbomben und einem Messer ausgestattet verletzt der ehemalige Schüler bei seinem Angriff insgesamt 11 Menschen. Durch das Zünden von Rauchbomben im Schulgebäude erleiden zudem 16 Polizeibeamte schwere Rauchvergiftungen. Mit einem Schuss in den Mund beendet der Amokläufer schließlich sein eigenes Leben.

Nach einer derartig aggressiven Gewalttat folgen polizeiliche Ermittlungen zu möglichen Motiven der Tat und zu Hintergründen des Täters. So stellt sich schnell heraus, dass Sebastian bereits Jahre vor seiner Tat seinen Mitschülerinnen mit Worten wie „Ihr Modepüppchen seid als erstes dran" droht und Gewalttaten in diversen Internetforen ankündet. Er ist sogar wegen unerlaubtem Waffenbesitz bereits zu einer Hauptverhandlung geladen. Der ständig in schwarz gekleidete Jugendliche gilt unter seinen Mitschülern und Lehrern als guter Schüler, der sich mit der Zeit jedoch immer mehr zurückzieht und zum rätselhaften Einzelgänger wird. In seinem Abschiedsbrief schreibt der offensichtlich frustrierte Täter „Das einzige, was ich intensiv in der Schule beigebracht bekommen habe, war, dass ich ein Verlierer bin", weiter heißt es „Ich verabscheue Menschen".

Als dann vermeintliche Bekannte des Täters aussagen, er habe den ganzen Tag mit Computerspielen verbracht und immer nur von „Counter-Strike" gesprochen[1], ist für Kritiker sofort klar, dass darin die Ursache für die Tat liegen muss. Die Medien überschlagen sich mit Äußerungen von Politikern, die ein Verbot von „Killerspielen", eine Verschärfung des Jugendschutzes oder die stärkere Förderung von Medienkompetenz bei Jugendlichen fordern.[2] Diese Diskussionen sind in der Öffentlichkeit immer wieder zu beobachten und es vergeht kein Amoklauf ohne den Hinweis auf Konsum von Computerspielen.

---

[1] vgl. Spiegel, 20.11.2006 und Stern, 20.11.2006
[2] vgl. Spiegel, 21.11.2006

Das in die Kritik geratene Online-Actionspiel „Counter-Strike" gehört zu den sogenannten „Ego-Shootern", bei denen der Spieler seine Spielfigur aus der Ich-Perspektive steuert. Im Gefecht zwischen Terroristen und einer gegnerischen Antiterroreinheit durchläuft der Spieler in 3D-Perspektive verschiedene virtuelle Szenarien und versucht, den Erfolg des Gegners zu unterbinden. Dazu stehen ihm beispielsweise Waffen wie Pistolen, Maschinengewehre, Kampfmesser, Bomben und Handgranaten zur Verfügung.[3]

Sicherlich lassen sich gewisse Parallelen zwischen dem Vorgehen der Amokläufer und dem Computerspiel, welches sie in ihrer Freizeit beschäftigte, aufweisen. Gibt es jedoch tatsächlich eine Übertragung von virtueller Gewalt auf die Realität des Rezipienten? Wie ist die empirische Lage? Welche positiven und negativen Wirkungen sind darüber hinaus denkbar? Diese Fragen beschäftigen mich während meiner Hausarbeit, wobei ich das Augenmerk vorwiegend auf Jugendliche richte, da diese für mich als zukünftige Lehrerin die Zielgruppe darstellen.

Computerspiele sind Teil der sogenannten Neuen Medien, diese sind die „ [...] Verfahren und Mittel (also Medien), die mittels neuer Technologien Informationen auf bisher nicht gebräuchlichen Wegen verarbeiten."[4] Sie gewinnen in fast allen Lebensbereichen an Bedeutung und sind vor allem für die Jugend, die in dieser Medienwelt aufwächst, aus dem Alltag nicht mehr wegzudenken. Um mich dem Thema dieser Arbeit anzunähern und ein Verständnis für Computerspiele zu entwickeln, möchte ich zunächst einige allgemeine Aspekte von Computerspielen und aktuelle Daten zur Nutzung sowie Spielmotive betrachten, bevor ich im Hauptteil auf die Auswirkungen eingehe. Danach zeige ich Präventionsmaßnahmen, die von Eltern, Schulen und Betroffenen ergriffen werden können, auf und ziehe schließlich ein persönliches Fazit.

---

[3] vgl. Stern, 12.03.2009 und Informations- und Beratungsportal Elternguide
[4] Robertz, Wickenhäuser 2010, S. 2

2   Faszination Computerspiele

Die Ursprünge der interaktiven Unterhaltung gehen bis in die 1950er Jahre zurück und erobern seitdem zunehmend die Herzen der Gesellschaft rund um den Globus. Die beachtliche Vielfalt und rasante Entwicklung der Technik machen es heute immer schwieriger, einen Überblick über die Vielzahl an unterschiedlichen Computerspielen[5] zu behalten. In diesem Kapitel möchte ich zunächst auf einige historische Aspekte eingehen sowie unterschiedliche Spielgenres betrachten. Danach gebe ich einen Einblick in aktuelle Studienergebnisse zur Nutzung von Computerspielen Jugendlicher und gehe der Frage nach, was sie an dieser Art von Freizeitbeschäftigung reizt.

2.1   Wie alles begann…

Der US-amerikanische Physiker William Higinbotham entwickelt 1958 das simple Spiel „Tennis For Two" auf einem Oszillographen. Dabei erhält jeder Spieler einen Steuerkasten, mit dem er seinen Ball über das Netz schlagen und dessen Abschlagswinkel bestimmen kann. 1962 gelingt es einer Gruppe von Computerfans am amerikanischen Massachusetts Institute of Technology ein Raumschiff-Duell-Spiel namens „Space-War" zu entwickeln, was oft als erstes echtes Videospiel angesehen wird.[6] Es kreisen zwei Raumschiffe um einen Planeten und vernichten sich gegenseitig durch Raketen. 1972 wird die Firma Atari gegründet und das tischtennisähnliche Spiel „Pong" auf Münzspielautomaten herausgebracht, drei Jahre später folgt eine Heimversion.[7] Zur selben Zeit entwickeln William Crowther und Don Woods das erste textbasierte Adventure-Spiel „Advent" bzw. „Colossal Cave", bei dem der Spieler[8] anhand eines Text-Zerteilers mit dem Spiel kommuniziert.[9] Diese bisher eher auf Geschicklichkeit angelegten, einfach dargestellten Spiele sind natürlich mit der heutigen Komplexität, Interaktivität und dreidimensionaler Darstellung von Spielen noch nicht vergleichbar und Spieler gelten damals eher als „Randgruppe von Spezialisten".[10] In den 1980er Jahren wird dann aber der Heimcomputer zunehmend beliebter, der „Commodore 64" wird zum absoluten Verkaufsschlager. Grafik, Sound und Komplexität der Spiele werden laufend verbessert und erste Spielkonsolen hergestellt. So bringt der weltbekannte japanische Hersteller Nintendo 1989 die tragbare Spielkonsole „Game Boy" mit zahlreichen Spielen wie Tetris, Super Mario oder Donkey Kong auf den Markt.[11] Eine Mehrspieler-Funktion (engl. Multiplayer) wird möglich und es entwickelt sich ein Trend zu sogenannten „LAN-Partys", bei denen die Spie-

---

[5] Zur Vereinfachung werden im Folgenden alle digitalen Spiele unter dem Begriff Computerspiele zusammengefasst.
[6] vgl. Focus, 25.08.2006
[7] vgl. http://www-vs.informatik.uni-ulm.de/teach/ws05/tsp/Folien/Michael%20Buechele%20-%20Historie%20von%20Computerspielen%20-%20Folien.pdf, Abruf am 19.01.2013
[8] Im Verlauf der gesamten Arbeit wird der maskuline Duktus verwendet, um den Lesefluss zu erleichtern.
[9] vgl. http://textadventure.info/hintergrund/index.html, Abruf 19.01.2013
[10] Ladas 2002, S.28
[11] vgl. http://www.videospielgeschichten.de/gameboyland.html, Abruf am 20.01.2013

ler durch Vernetzen ihrer Rechner in einem Raum mit- oder gegeneinander spielen. Das Internet vereinfacht das Ganze schließlich, so dass nun auch völlig fremde Personen bei „Online-Spielen" von ihrem PC aus mit- oder gegeneinander antreten können. Die bekanntesten Multiplayer-Spiele sind der Kategorie der „Ego-Shooter [...], bei denen der Spieler durch die Augen seiner Spielfigur blickt [...]"[12], zuzuordnen. Mittlerweile geht es nicht mehr nur um Geschicklichkeit, sondern auch um Taktik, Strategie und Gruppenzusammenhalt. Der Multiplayer-Modus wird noch durch das Genre der Massively Multiplayer Online Role Playing Games (MMORPG) erweitert, bei denen eine virtuelle Spielwelt von tausenden Online-Spielern bevölkert wird und rund um die Uhr verfügbar ist, so z. B. bei „World of Warcraft". [13] Auch bei den Konsolenspielen gibt es eine Vielzahl an technischen Weiterentwicklungen, einige Beispiele sind die Xbox 360, Playstation 3, Nintendo Wii oder 3DS. Insgesamt lässt sich festhalten: die Spielbranche boomt.

Laut Untersuchung des Bundesverbandes für Interaktive Unterhaltungssoftware (BIU) e.V., der regelmäßig eine Befragung von 25.000 Konsumenten in Deutschland durch die Gesellschaft für Konsumforschung (GfK) durchführt, werden im Jahr 2011 insgesamt 1,99 Milliarden Euro allein für Computer- und Videospiele in Deutschland ausgegeben, was einem Anstieg um 3,5 % im Vergleich zum Vorjahr entspricht.[14]

Abbildung 1: Umsätze für Computer- und Videospielsoftware 2011 in Deutschland

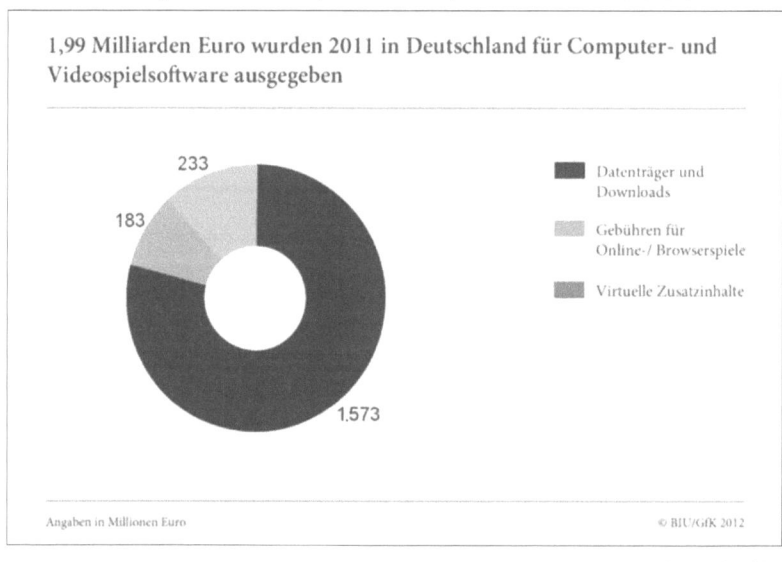

Quelle: BIU 2011

---

[12] Robertz, Wickenhäuser 2010, S. 24
[13] vgl. Robertz, Wickenhäuser 2010, S. 21-25
[14] vgl. Bundesverband für Interaktive Unterhaltungssoftware 2011

2.2 Spielkategorien

Um eine Kategorisierung der verschiedenen Computerspielarten vorzunehmen, werden Spielgenres gebildet. Eine wissenschaftlich anerkannte Einteilung der Spiele gibt es bisher jedoch nicht und einzelne Elemente überschneiden sich häufig. In Anlehnung an die Unterhaltungssoftware Selbstkontrolle (USK)[15] werden folgende Spielgenres unterschieden:

Spielkategorie	Unterkategorien	Merkmale	Altersbeschränkung
Adventure	• Klassisch • Action	• Abenteuer, Rätsel, Logik, Kombination von Gegenständen • Fantasie, Action, Abenteuer, kämpferische Aufgaben	selten, unterschiedlich
Arcade	Racer, Beat ´em up, Shoot ´em up, Musik, Geschicklichkeit	Spielhallen, Geschick, Reaktionsfähigkeit, einfache Steuerung und Aufgabenstellung	unterschiedlich
Denkspiel		Problem- und Aufgabenlösung, Geschick	selten
Jump ´n Run		Fantasie, Hindernisüberwindung, Missionen, Abenteuer, themenorientierte Welten, keine kriegerischen Handlungen	keine oder ab 6
Gesellschaftsspiel		Traditionelles, digitales Brett-/Kartenspiel, komplexes, bekanntes Regelwerk	keine, ab 0
Kinder / Kreativ		Bunte Aufgaben, Kreativität, Malen	keine
Management		Managen einer komplexen Anlage im Hinblick auf monetäre / wirtschaftliche Aspekte	keine
Rollenspiel (Role Playing Game)	• Rundenbasiert • Actionorientiert • Online (MMORPG)	Vielfältige Aufgaben, Spieler als Retter, Held in einer Geschichte, Aufgaben werden in Gruppen gelöst, fiktive Welt	unterschiedlich häufig ab 12
Shooter	• Ego-Shooter • 3rd-Person-Shooter • Taktik-Shooter • Online-Shooter	Missionen, Bedrohung, Schutz der eigenen Figur, Ausschalten des angreifenden Gegners, Verteidigung	keine Freigabe für Kinder
Simulation	• Zivil • Militärisch	Komplexe Zusammenhänge wie Fahrzeuge, Menschenleben, Wirtschaftskreisläufe nachvollziehen	meist keine ab 12 oder 16
Lifestyle		Unterhaltung, Alltagsereignisse	keine
Sportspiel		Realitätsnahe Sportarten	keine, außer bei Kampfsportarten
Strategie	• Aufbau • Militärisch	Strategie, Planung, gezielter Ressourceneinsatz	keine ab 12
Genremix		Wiederspielwert als Qualitätsmerkmal, Wechsel zwischen verschiedenen Genres, verknüpfte Spiele	unterschiedlich

In dieser Arbeit stehen die Genres der „Ego-Shooter" sowie „Online-Rollenspiele" im Vordergrund, da sie in der öffentlichen Debatte besonders negativ belastet sind.

---

[15] vgl. http://www.usk.de/pruefverfahren/genres/, Abruf am 21.01.2013

2.3 Aktuelles Nutzungsverhalten von Jugendlichen

Seit 1998 führt der Medienpädagogische Forschungsverbund Südwest (mpfs) jährlich eine Studienreihe zum Thema „Jugend, Information, (Multi-) Media", kurz JIM-Studie, durch. Diese untersucht den Medienumgang 12- bis 19-Jähriger in Deutschland.

Bei der aktuellen Studie 2012 geben 100 % der Befragten an, einen Computer oder Laptop im Haushalt zu haben, 82 % der Jugendlichen besitzen sogar ein eigenes Gerät. Eine feste Spielkonsole befindet sich in rund 74 % der Haushalte.[16] Die Grundlage zum Spielen ist also durchaus gegeben. Doch welche Bedeutung hat die Beschäftigung mit digitalen Spielen über Computer, Konsole oder Internet tatsächlich für die Jugendlichen? Abbildung 2 zeigt, dass für insgesamt 42 % der Teilnehmer eine Nutzung von Computerspielen täglich oder mehrmals pro Woche relevant ist. Weiterhin ist zu erkennen, dass vorwiegend Jungen (63%) Computerspiele nutzen. Dies spiegelt meiner Meinung nach allerdings nicht ganz die heutige Realität wieder, denn Spiele werden bereits in den unterschiedlichsten Formen (Computer, Handy, Internet, (tragbare) Konsole, Teletext) von allen Geschlechtern sowie Altersstufen und Gesellschaftsklassen genutzt. Hier kommt es sicherlich darauf an, wie weit der Begriff der Computerspiele gefasst wird und wie bewusst der Umgang mit ihnen bei Befragten ist.

Abbildung 2: Computer-, Konsolen-, Onlinespielnutzung von Jugendlichen in Prozent

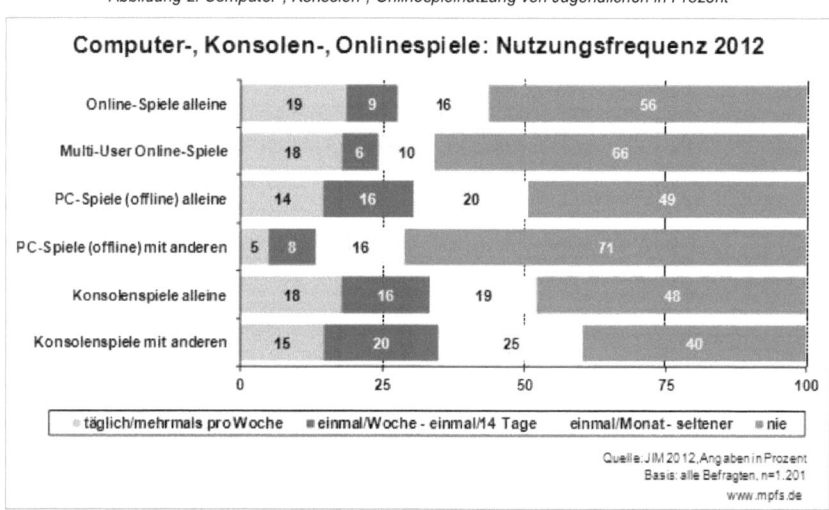

Welche Art von Computerspielen ist es, die junge Menschen begeistert? Wird dabei die Option, gemeinsam mit anderen zu spielen, genutzt oder spielen die Befragten lieber alleine? Laut JIM-Studie sind Online Spiele (alleine 19 %, gemeinsam 18 %) etwa genauso beliebt

---

[16] vgl. Medienpädagogischer Forschungsverbund Südwest, JIM-Studie 2012, S.6

wie Konsolenspiele (allein 18 %, gemeinsam 15 %). PC-Spiele ohne Internetzugang werden vorwiegend allein gespielt (14 %), die Bedeutung des gemeinsamen Spielens fällt hierbei mit 5 % deutlich geringer aus (Abbildung 3). Der Grund dafür könnte vielleicht darin liegen, dass die meisten Jugendlichen mittlerweile einen eigenen Computer zur Verfügung haben und nicht mehr wie früher zu Freunden gehen müssen, um spielen zu können.[17]

Abbildung 3: Regelmäßige Nutzung von Computerspielen alleine / gemeinsam mit anderen

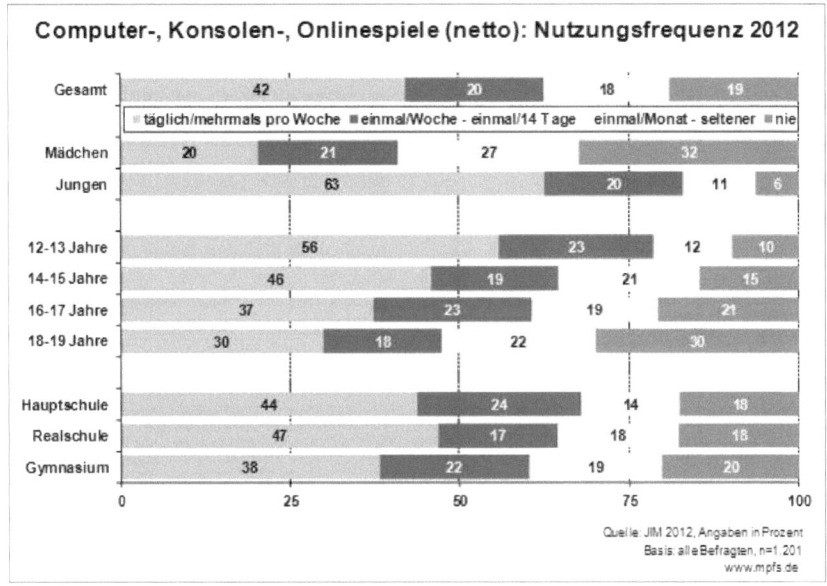

2.4 Spielmotive

Warum ist es für Kinder und Jugendliche wichtig, Computerspiele zu nutzen? Warum spielen sie überhaupt? Ein Erklärungsversuch liegt darin, dass junge Menschen dadurch wichtige Entwicklungsaufgaben besser bewältigen können.

Das Spiel bietet ihnen beispielsweise die Möglichkeit,

- Erwachsenen im Hinblick auf Kraft, Geschicklichkeit und Arbeit nachzueifern.
- den Zwängen der Realität zu entfliehen („Realitätsflucht").
- tabuisierte Impulse wie Aggressivität auszuleben.
- unerfüllten Triebwünschen nachzugehen und sich dadurch von Ängsten zu befreien.

---

[17] vgl. Quandt, Wimmer, Wolling 2008, S.77

- Handlungsabläufe zu verinnerlichen, soziale Interaktionsregeln kennenzulernen, eigene Grenzen festzustellen.
- menschlichen Bedürfnissen nach Autonomie, Autorität, sozialer Anerkennung und Gruppenzugehörigkeit nachzukommen.[18]

Computerspiele zeichnen sich im Gegensatz zu anderen Medien durch ihre hohe Interaktivität aus, so hat der Spieler die Möglichkeit, in der virtuellen Welt selbst auf das Geschehen einzuwirken und diese zu beeinflussen. Eine solche Selbstwirksamkeit stellt für Spieler einen großen Reiz dar.[19] Darüber hinaus gilt der Vertreib von Langeweile, das Bedürfnis nach Spaß und Unterhaltung, der Wunsch nach Entspannung, um Ärger und Stress abzubauen sowie die Pflege sozialer Kontakte als weitere Beweggründe für Menschen, Computerspiele zu spielen. Bei den Ego-Shooter-Spielen werden zudem häufig auch die Herausforderung an sich und der sportliche Wettkampf, bei dem man sich mit anderen messen kann, als Zuwendungsmotive für das Spielen genannt.[20]

3   Wirkung von Computerspielen

Inzwischen gibt es eine Vielzahl von Forschungsergebnissen zur Wirkung von Computerspielen auf den Nutzer, die aus unterschiedlichsten Fachrichtungen wie der Medizin, Psychologie, Kriminalistik, Kommunikationswissenschaft stammen. Jedoch sind bislang weder die Studienergebnisse noch die zugrundeliegenden Theorien einheitlich und daher nicht eindeutig interpretierbar. In diesem Kapitel möchte ich auf einige dieser Ergebnisse exemplarisch eingehen und dabei positive und negative Facetten beleuchten. Besondere Berücksichtigung findet die Diskussion der noch relativ jungen Erscheinungsform des exzessiven Spielens (Computerspielsucht), die in der Öffentlichkeit immer stärker thematisiert wird. Zuletzt beschäftige ich mich mit allgemeinen Wirkungstheorien medialer Gewaltdarstellungen.

3.1   Positive Wirkungen

Computerspiele können Kindern und Jugendlichen eine vielfältige, spannende Unterhaltung mit vielen Vorzügen und Lernmöglichkeiten bieten, wenn sie altersgerecht und in Maßen genutzt werden. Eine einseitige Betrachtung von negativen Auswirkungen, wie oft zu beobachten, erscheint an dieser Stelle daher wenig sinnvoll. Um den Chancen und Risiken dieses Massenphänomens angemessen zu begegnen, müssen daher alle Aspekte in Betracht gezogen werden.

---

[18] vgl. Robertz, Wickenhäuser 2010, S. 123-124
[19] vgl. Robertz, Wickenhäuser 2010, S. 108
[20] vgl. Robertz, Wickenhäuser 2010, S. 115

Als positive Effekte des Computerspielens lassen sich nach *Lukesch* belegen:

- Verbesserung der Hand-Auge- Koordination,
- Anregung zum Lesen, wenn Texte für den Spielverlauf wichtig sind,
- bessere räumliche Wahrnehmung und Vorstellungskraft,
- höheres Regelverständnis, Förderung induktiven Denkens und der Strategie des Hypothesenaufstellens sowie – testens,
- spielerische Vermittlung physikalischer Konzepte,
- sowie Einsatz zu therapeutischen Zwecken. [21]

Weitere positive Begleiterscheinungen des Spielens können beispielsweise in einer Verbesserung der visuellen Wahrnehmungsfähigkeit[22], Sensomotorik, des logischen Denkens, der Kommunikation mit Gleichgesinnten und Spaß an der Tätigkeit liegen.[23] Zudem bietet sich die Möglichkeit, Kompetenzen wie Problemlösefähigkeit, kognitive Flexibilität, Strategieaufbau, Stressresistenz oder soziale Kompetenzen durch Computerspiele zu fördern.[24] Die Wirkungen sind allerdings nicht grundsätzlich auf alle Rezipienten übertragbar, da es auf eine Vielzahl komplexer Faktoren beim Individuum und Spielinhalt ankommt, wie Computerspiele individuell wahrgenommen werden und demnach wirken.

Eine große Studie zu Auswirkungen von Videospielen führte C. Olson von der Harvard University im Jahr 2008 durch, bei der insgesamt 1200 Jugendliche und Eltern befragt wurden. Diese ergab, dass Kinder, die keine Videospiele nutzen, mehr Probleme in der Schule oder im Elternhaus aufweisen als diejenigen, die das tun. Nichtspielen wurde demnach als ein Zeichen mangelnder Sozialkompetenz interpretiert, da das gemeinsame Spielen fehlt.[25] Häufig sind Ego-Shooter- und Online-(Rollen-) Spiele darauf ausgelegt, Aufgaben nur gemeinsam mit anderen Spielern bewältigen zu können, so dass Teamfähigkeit gefragt ist.

3.2 Negative Wirkungen

Als Ursache für die zunehmende Gewaltbereitschaft in der Gesellschaft wird häufig die Gewaltdarstellung in Computerspielen gesehen. Und so wird insbesondere das Genre der Ego-Shooter in der öffentlichen Debatte aufgrund der gewaltdarstellenden Inhalte kritisiert. Bei diesen Spielen geht es hauptsächlich darum, Gegner mit verschiedenen Waffen zu eliminieren, um vorgegebene Ziele zu erreichen. Eine tiefere Spielgeschichte besteht vorwiegend

---

[21] vgl. Lukesch 1995, S.185
[22] Robertz, Wickenhäuser 2010, S. 122
[23] vgl. http://www.pegi.info/ch/index/id/1376/media/pdf/256.pdf, Abruf am 28.01.2013
[24] vgl. Dittler, Hoyer 2006, S. 148-151
[25] vgl. Robertz, Wickenhäuser 2010, S. 106

nicht und die Möglichkeit einer friedlichen Konfliktlösung ist meist nicht vorgesehen. Nutzer selbst nehmen das Spiel jedoch oftmals anders wahr, als von Kritikern unterstellt wird, nämlich als Wettkampf, Herausforderung, Erfolg und Nervenkitzel.

So stellt *Ladas* bei seiner Studie im Jahr 2002 mit 2.141 Teilnehmern fest, dass die befragten Computerspielnutzer keinen moralischen Zusammenhang zwischen Gewalt im Spiel und realer Gewalt sehen, so dass von keiner direkten negativen Übertragung auf den Spieler ausgegangen werden kann. Bei realer Gewalt geht es hautsächlich darum, dem Gegner zu schaden und diesen zu verletzen, Gewalt in Computerspielen hat dagegen einen anderen Sinn, als tatsächliche Schäden anzurichten. Die Vermutung, dass durch regelmäßige Nutzung gewalthaltiger Spiele eine Art Abstumpfung gegen Gewalt beim Spieler stattfindet, kann bislang nicht bestätigt werden. Auch *Pietraß* kommt bei einer Untersuchung 2003 zu dem Ergebnis, dass Bilder – und mögen sie noch so realitätsgetreu sein – vom Mediennutzer generell nicht für wahr gehalten werden. Zudem sind die Akteure in Computerspielen keine realen Menschen und somit deutlich als fiktiv für den Spieler erkennbar.

Aufgrund besonderer Merkmale unterscheiden sich Computerspiele von anderen Medien, so dass bereits vorliegende Forschungsergebnisse und Theorien zu Wirkungen von Mediendarstellungen im allgemeinen Sinne nicht einfach auf Computerspiele übertragen werden können. Ein auf Computerspiele bereits geprüftes Modell ist das General Affective Aggression Model (GAAM) von *Anderson und Kollegen*. Dieses allgemeine Modell der Aggression besagt, dass es für das Auslösen von aggressivem Verhalten beim Medienrezipienten bereits ausreicht, den Bereich seiner aggressiven Kognitionen, aggressiven Affekte oder physischen Erregung anzusprechen. Durch die besondere Spannung im Spiel und den Ehrgeiz eines Spielers können auch schon emotionale und physiologische Wirkungen hervorgerufen werden. Aggression entsteht beim Spieler durch einen Kreislauf, der auf vier Ebenen basiert: den Voraussetzungen, dem aktuellen internen Zustand, der Bewertung dieser Zustände und dem daraus resultierenden Verhalten des Rezipienten.

So kamen *Anderson und Bushman* 2002 zu dem Ergebnis, dass folgende kurzfristige Auswirkungen bei längerem Nutzen von gewalthaltigen Spielen entstehen:

- aggressive Kognitionen,
- negative Stimmungslage,
- physiologische Wirkungen.

Eine aggressivere Persönlichkeit, Desensibilisierung zum Thema Gewalt, Veränderung von aggressionsbezogenen Überzeugungen und Einstellungen sowie Wahrnehmungen und Erwartungen können daraus langfristig entstehen, was jedoch durch den bisher ungeklärten Forschungsstand noch nicht nachgewiesen und nur durch umfangreiche Längsschnittstudien eindeutig geklärt werden kann. Bislang liegen Querschnittstudien vor, die lediglich monokausale Ursache-Wirkungs-Muster untersuchen. Ein wirklicher Kausalzusammenhang zwischen aggressivem Verhalten und gewalthaltigen Computerspielen kann also bisher ebenfalls nicht nachgewiesen werden.[26]

Lukesch führt weitere negative Effekte des Computerspielens an:

- Entstehung von Spielsucht als Lösungsversuch bei Problemen (Kapitel 3.2.1),
- Aggressionssteigerung und andere Effekte (Nachweis nicht immer möglich),
- Beschaffungskriminalität, um Geld für Spiele zu erhalten,
- Verletzung des Urheberrechtes durch Raubkopien. [27]

Als negative Folge eines regelmäßigen und langanhaltenden Computerspielens können vereinzelt muskuläre Überanstrengungen, Haltungsschäden, Bewegungsmangel, Fehlernährung oder Schlafmangel auftreten[28].

Neuere Studien zur Nutzung von gewaltdarstellenden Computerspielinhalten weisen auf die Wichtigkeit individueller und sozialer Kontextfaktoren der spielenden Person hin. Diese können einen erheblichen Einfluss auf die negative Wirkung durch das Spiel ausüben:

- frühes Einstiegsalter (unter 12 Jahre),
- familiäre Schwierigkeiten,
- generelle Aggressionsbereitschaft,
- hohe Nutzungsintensität des Mediums.

Wenn sich diese Faktoren im Laufe der Zeit wechselseitig bedingen, entsteht eine sogenannte „Abwärtsspirale" und die belastenden Lebensverhältnisse steigern das Risiko, in eine exzessive Nutzung von gewaltdarstellenden Computerspielen zu verfallen.[29]

---

[26] vgl. Robertz, Wickenhäuser 2010, S. 107-110
[27] vgl. Lukesch 1995, S.185-186
[28] Robertz, Wickenhäuser 2010, S. 122
[29] vgl. http://www.pegi.info/ch/index/id/1376/media/pdf/252.pdf, Abruf am 28.01.2913

3.2.1 Computerspielsucht

Neben dem Auslösen von Aggressionen und erhöhter Gewaltbereitschaft durch den Konsum (gewalthaltiger) Computerspiele beziehen sich die Befürchtungen von Kritikern auch auf eine mögliche Entwicklung suchtartigen Nutzungsverhaltens, einer „Computerspielsucht". Exzessives Spielen zeichnet sich dadurch aus, dass das Spielen einen zentralen Stellenwert im Leben des Rezipienten einnimmt und dessen Tagesablauf beherrscht. Die Spielphasen sind dabei andauernd und intensiv.[30] Betroffene zeigen dieses Verhalten über einen längeren Zeitraum in einer vom normalen Maß abweichenden Form. Die Bezeichnung „Sucht" für ein solches Verhalten ist bei den Forschern jedoch umstritten und nicht jedes exzessive Computerspielen ist als Sucht zu betrachten. In der Öffentlichkeit hat sich die Bezeichnung „Sucht" für dagegen etabliert und Betroffene beschreiben sich selbst als „süchtig". Bei Kindern und Jugendlichen kann es zu einer Flucht aus der Realität in die virtuelle Welt kommen bei problematischen Familienverhältnissen, schlechten Schulleistungen, einem geringen Selbstwertgefühl, einer schlechten Integration unter Gleichaltrigen oder schlichtweg aus fehlenden alternativen Freizeitmöglichkeiten. Im psychologischen und sozialwissenschaftlichen Bereich werden negative Begleiterscheinungen durch exzessives Spielverhalten in Form von Verhaltenseinengung durch Vernachlässigung alternativer Interessen oder negativen Auswirkungen auf den Alltag im Hinblick auf Gesundheit, Schule und Arbeit angeführt. Angststörungen, Realitätsverlust und Depressionen können beim Betroffenen mit der Zeit auftreten.[31] Jedoch konnte noch kein Kontrollverlust beim übermäßigen Spielen, wie er typisch für eine Sucht ist, nachgewiesen werden, bis zum Auftauchen von Online-Rollenspielen (MMORPGs). Seit 2005 wird das Thema Sucht in Verbindung mit Online-Rollenspielen diskutiert und immer mehr Betroffene melden sich zu Wort. Onlinespiele verleiten den Spieler dazu, sich lange in der virtuellen Welt aufzuhalten, sie bieten ihm die Möglichkeit,...

- den Alltag zu verlassen und sich in einer Fantasywelt als Held zu erleben.
- im Wettbewerb mit Anderen Erfolg zu haben und Anerkennung zu bekommen.
- als virtuell kreierte Figur („Avatar") größer, mächtiger zu werden, Gegner zu besiegen.
- (virtuelle) Freunde zu finden und durch „Gilden und Clans" Gemeinschaft zu erleben.
- sich auf eine neue Welt einzulassen, die spannend ist, weil sie weiter existiert, auch wenn man selbst offline ist.[32]

Auf das weltweit meist gespielte Onlinerollenspiel „World of Warcraft" treffen diese Merkmale zu und ein hohes Abhängigkeitspotential wird vermutet. Wie in der gesamten Wirkungsfor-

---

[30] vgl. Kaminski, Lorber 2006, S.126
[31] vgl. Kaminski, Lorber 2006, S. 142-151
[32] vgl. Bundesprüfstelle für jugendgefährdete Medien 2011, S. 13.

schung liegen aber auch zur Suchtproblematik keine einheitlichen Forschungsergebnisse vor und es herrscht Uneinigkeit bei den Wissenschaftlern.[33] Eine Computerspielsucht ist daher trotz vieler Berichte von Betroffenen in Deutschland bislang nicht als Krankheit anerkannt.

3.3 Wirkungstheorien medialer Gewalt

Zahlreiche Thesen und Konzepte liegen in der wissenschaftlichen Forschung zur medialen Gewalt vor, so z. B. die

- Katharsisthese,
- Inhibitionsthese,
- Wirkungslosigkeit,
- Suggestionsthese,
- Habitualisierung,
- Lerntheorie,
- Stimulation.

Diese Theorien sind eher einseitig angelegt, da sie sich auf einzelne, spezifische kurz- und langfristige Wirkungen von Gewaltdarstellung in Medien beziehen. Daher gehe ich in dieser Arbeit nicht näher auf sie ein. Um den vielschichtigen Zusammenhang zwischen Medium und Rezipient zu verstehen, sind komplexere Herangehensweisen nötig. Der kognitiv-physiologische Ansatz von *J. Grimm* (1999) kommt dem schon sehr nahe. Er verbindet Motive, Wirkungen, physiologische Erregung, Kognitionen und psychosoziale Wirkungen des Rezipienten und stellt fest, dass Gewalt in Medien zu höchst unterschiedlichen Ergebnissen führen kann. Diese reichen von höherem Selbstbewusstsein oder Entspannung bis hin zur Gewaltrechtfertigung. Grimms Ansicht nach kommt es beim Medienkonsum mit Gewaltdarstellungen zu einem Effekt, den er als „negatives Lernen" bezeichnet. Der Rezipient nimmt während des Spiels die Opferrolle ein und steht somit der Situation kritisch gegenüber. Dadurch wird aggressives Verhalten im Alltag des Spielers geschwächt. Weiterhin stellt Grimm fest, dass es abhängig vom Mediennutzer und seinen Lebensumständen kurzfristig zu einer höheren Aggressivitätsbereitschaft kommen kann, langfristig gesehen jedoch das negative Lernen überwiegt.[34]

---

[33] vgl. Robertz, Wickenhäuser 2010, S. 122-135
[34] vgl. Robertz, Wickenhäuser 2010, S. 44-46

4 Prävention

Als Teil der Gesellschaft sind Computerspiele aus unserem Leben nicht mehr wegzudenken. Sie bieten Vorzüge und bringen Gefahren mit sich, so dass es abhängig vom Nutzer und weiteren Faktoren zu unterschiedlich (starken) Wirkungen kommen kann. Je bedeutender Medien im Alltag von Kindern und Jugendlichen werden, umso mehr steigen auch die Anforderungen an sie. Daher sollte frühzeitig auf einen sinnvollen Umgang mit Medien geachtet werden. Im letzten Kapitel führe ich einige Hinweise auf, die dem Nutzer selbst sowie Eltern oder Pädagogen als Unterstützung dienen können, einer problematischen Nutzung vorzubeugen.

4.1 Medienerziehung und -kompetenz

Eine wichtige Grundvoraussetzung für einen kompetenten Umgang mit Medien liegt in der Medienerziehung. So ist es für Kinder und Jugendliche überaus wichtig, Medienkompetenz zu erlernen, um Neue Medien wie Computerspiele verantwortungsbewusst, selbstbestimmt, kritisch und kreativ zu nutzen und deren Konsequenzen einzuschätzen[35]. Medienkompetenz ist ein umfassender Begriff und es gibt keine einheitliche Definition. Nach *Pfetsch und Steffgen* versteht man darunter „das analysierend-kritische Verstehen von Massenmedien und die Fähigkeit, reflektiert mit Medien umzugehen".[36]

Darüber hinaus fördert Medienkompetenz…

- die Fähigkeit, ein Medium auszuschalten, wenn es Nachteile mit sich bringt oder belastende Inhalte enthält.
- die Fähigkeit, das richtige Medium für das Erreichen eines Ziels auszusuchen.
- das Wissen, welchen Informationen mehr oder weniger Glauben geschenkt werden kann.
- das Wissen, welche unterschiedlichen Interessen mit der Verbreitung von Medieninhalten verfolgt werden.[37]

Der Medienumgang an sich lässt sich nicht verbieten und ist auch nicht sinnvoll, da Kinder und Jugendliche Freiräume brauchen, um Neues auszuprobieren und eigene Erfahrungen mit Medien zu machen. Jedoch müssen Eltern auch Grenzen setzen, um Freiräume für den Erwerb von Medienkompetenz zu schaffen. Die Medienerziehung an einem beliebigen Medi-

---

[35] vgl. http://www.bmfsfj.de/BMFSFJ/kinder-und-jugend,did=131814.html, Abruf am 29.01.2013
[36] vgl. Robertz, Wickenhäuser 2010, S.119
[37] vgl. http://www.bundespruefstelle.de/bpjm/Jugendmedienschutz-Medienerziehung/Erziehung-Medienkompetenz/medienerziehung.html, Abruf am 29.01.2013

um kann bereits als wichtige Grundlage für junge Menschen zur eigenverantwortlichen Nutzung weiterer Medien dienen. Eltern fühlen sich in der Realität jedoch häufig überfordert und finden keinen Zugang zu ihren Kindern. An dieser Stelle kann die Schule oder weitere Institutionen eingreifen und versuchen zu helfen.

4.2   Was Eltern, Pädagogen und Betroffene selbst tun können

Grundsätzlich kann die Nutzung von altersgerechten Computerspielen eine Bereicherung für Kinder und Jugendliche darstellen. Allerdings gibt es individuelle und soziale Risikofaktoren sowie Risikopotenziale in Computerspielen, die zu einer Gefahr für die Entwicklung von Heranwachsenden werden kann. Eltern sind hier also besonders gefragt, den Medienumgang ihrer Kinder frühzeitig zu beobachten und zu reflektieren. Sollten bereits im Kindesalter Auffälligkeiten bezüglich Aggressions- und Gewaltbereitschaft bestehen, ist eine Intervention besonders wichtig. Eltern sollten in diesem Fall unbedingt Hilfe aufsuchen, wenn sie sich überfordert fühlen. Des Weiteren sollten sich alle an der Erziehung beteiligten Personen über Neue Medien informieren, um aufklärende Gespräche mit Betroffenen führen zu können und von diesen auch ernst genommen zu werden. Der eigene Medienumgang und die angewandten Problemlösestrategien sind dabei zu hinterfragen, denn Eltern dienen in erster Linie als Vorbild für Kinder und Jugendliche. Der Zugang zu Computerspielen sollte in einem öffentlich zugänglichen Raum erfolgen und vor allem bei jüngeren Kindern ist darauf zu achten, dass altersgerechte Spiele genutzt werden. Alterskennzeichnungen auf Computerspielen geben insbesondere bei problematischen Inhalten wichtige Anhaltspunkte. Auch gemeinsam vereinbarte Zeitbegrenzungen zum Spielen sind ratsam.[38]

Auch Betroffene selbst können etwas tun, um sich nicht im Computerspiel zu verlieren, sie sollten…

- auf den eigenen Medienkonsum achten,
- sich zeitliche Grenzen setzen,
- auch mal einen PC-freien Tag einlegen,
- anderen Hobbys als dem Computerspielen nachgehen,
- reale Kontakte pflegen,
- oder Aufgaben im Familien- / Kollegen-/ Freundeskreis übernehmen.[39]

In der Schule können sich Lehrkräfte z. B. anhand einer anonymen Befragung der Schüler ein Bild davon machen, ob das Thema Computerspiele für die Klasse relevant und proble-

---

[38] vgl. http://www.pegi.info/ch/index/id/1376/media/pdf/256.pdf, Abruf am 28.01.2013
[39] vgl. Farke 2011, S. 48

matisch ist. Danach können offene Diskussionen oder Aufgaben zum Thema, die zum Nachdenken anregen, eingeleitet werden. Zudem besteht die Möglichkeit, spezielle Verhaltenstrainings durchzuführen, soziale und emotionale Kompetenzen zu fördern und auf Sozialverhalten und Konfliktlösungen einzugehen[40].

5 Fazit

Gewaltausbrüche von Jugendlichen, wie der Amoklauf in Emsdetten, werden oft dazu benutzt, Ähnlichkeiten zwischen Computerspiel und der Tat aufzuzeigen, ohne weitere Aspekte im Leben des Täters wie psychische Labilität, Waffenbesitz, Mitgliedschaft in Vereinen, politischem Extremismus usw. zu beachten. Die Ursache für Aggression und Gewalt ausschließlich in Medien zu suchen, ist meiner Meinung nach unzureichend. Die individuellen Hintergründe, das gesellschaftliche Umfeld und die sozialen Ressourcen des Nutzers bestimmen, was und in welchem Ausmaß gespielt wird. Auch die Inhalte der Computerspiele werden von jedem Individuum unterschiedlich wahrgenommen und interpretiert. Das Verhalten des Nutzers kann also durchaus negativ durch Computerspiele beeinflusst werden, aber nur als ein Faktor unter vielen anderen. Niemand wird durch alleiniges Spielen von gewalthaltigen Computerspielen zum Amokläufer. Gewalt wird von der Gesellschaft gezielt, nicht nur in Computerspielen nachgefragt, daher ist es sinnvoll, nach den Ursachen hierfür zu suchen, anstatt den Grund für Gewalttaten einfach den Neuen Medien zuzuschreiben. Ein Verbot von „Killerspielen", wie von Politikern gefordert, löst das Problem also auch nicht.

Viele Kritiker haben meist selbst keine Erfahrung mit dem Spiel und neigen dazu, Dinge überzubewerten, da sie nur die optische und akustische Repräsentation des Spiels beurteilen, ohne Kontext. Auch bestimmte Genres wie die der Ego-Shooter sollten in der öffentlichen Debatte nicht einfach pauschalisiert und als gefährlich eingestuft werden, da sich die Spiele untereinander unterscheiden. Zusammenfassend kann man sagen, dass bislang keine eindeutigen Studienergebnisse vorliegen, aus denen hervorgeht, dass generell eine positive oder negative Auswirkung von Computerspielen ausgeht. Es lassen sich zwar kurzfristige positive Beziehungen zwischen Gewaltdarstellung in Medien und der Aggressionsbereitschaft des Rezipienten nachweisen, jedoch ist dabei unklar, ob die Jugendlichen nicht schon im Vorfeld Aggressionspotenzial aufweisen und erst dadurch zu solchen Spielen greifen. Von einer direkten Übertragung virtueller Gewalt auf die Realität des Rezipienten kann demnach nicht ausgegangen werden.

Die empirische Lage ist bislang ungeklärt, es fehlen Längsschnittuntersuchungen und die Beachtung besonderer Merkmale von Computerspielen. Die Auseinandersetzung mit dem

---

[40] vgl. Robertz, Wickenhäuser 2010, S. 119-120

Thema ist gesellschaftlich jedoch wichtig und weitere wissenschaftliche Untersuchungen sind notwendig, um die öffentliche Diskussion um die Wirkungen von Computerspielen nicht bei Vermutungen und Befürchtungen stehen zu lassen.

Die vielfältigen Chancen und Unterhaltungsmöglichkeiten von Computerspielen sollten nicht außer Acht gelassen werden. Da Computerspielnutzung durch das Zusammenwirken unterschiedlicher Risikofaktoren für Kinder und Jugendliche aber auch problematisch werden kann, ist eine gezielte Aufmerksamkeit seitens der Eltern, der Betroffenen, des Jugendschutzes sowie Präventionsmaßnahmen in der Schule und von weiteren Institutionen gefragt.

Literaturverzeichnis

Bücherquellen:

Dittler, U., Hoyer, M. (Hrsg.), Machen Computer Kinder dumm? Wirkung interaktiver, digitaler Medien auf Kinder und Jugendliche aus medienpsychologischer und mediendidaktischer Sicht, Kopaed, München, 2006.

Farke, G., Gefangen im Netz? Onlinesucht: Chats, Onlinespiele, Cybersex, Huber, Bern, 2011.

Kaminski, W., Lorber, M. (Hrsg.), Clash of Realities, Computerspiele und soziale Wirklichkeit, Kopaed, München, 2006.

Ladas, M., Brutale Spiele(r)? Wirkung und Nutzung von Gewalt in Computerspielen, Peter Lang, Frankfurt am Main, 2002.

Medienpädagogischer Forschungsverbund Südwest (mpfs), JIM 2012, Jugend, Information, (Multi-)Media, Basisstudie zum Umgang von 12- bis 19-Jährigen mit Medien und Information in Deutschland, Stuttgart, 2012.

Quandt, T., Wimmer, J., Wolling, J. (Hrsg.), Die Computerspieler, Studien zur Nutzung von Computergames, Verlag für Sozialwissenschaften, Wiesbaden, 2008.

Robertz, F., Wickenhäuser, R., Orte der Wirklichkeit, Über Gefahren in medialen Lebenswelten Jugendlicher, Springer, Berlin, 2010.

Internetquellen:

Bundesverband für Interaktive Unterhaltungssoftware (BIU), Marktvolumen für die deutsche Gamesbranche im Jahr 2011, Berlin, 2011. URL: http://www.biu-online.de/de/fakten/marktzahlen/marktvolumen.html, Abruf am 20.01.2013

Die Welt (11.10.2012): „Ballerspiele machen auf Dauer immer aggressiver" URL: http://www.welt.de/gesundheit/psychologie/article109762301/Ballerspiele-machen-auf-Dauer-immer-aggressiver.html, Abruf am 09.01.2013

Focus (25.08.2006): „Mythos „Pong" – und wie alles begann", URL:http://www.focus.de/digital/games/games_convention_2006/computerspiele_aid_23971.html, Abruf am 19.01.2013

Frankfurter Allgemeine Sonntagszeitung (26.11.2006): Virtuelle Gewalt: „Machen Videospiele wirklich böse?", URL: http://www.faz.net/aktuell/feuilleton/medien/virtuelle-gewalt-machen-videospiele-wirklich-boese-1383451.html, Abruf am 09.01.2013

Informations- und Beratungsportal Elternguide, Spielbeschreibung „Counter-Strike", URL:http://www.elternguide.info/digitale-welten/egoshooter/counterstrike/spielbeschreibung, Abruf am 14.01.2013

Kunczik, M., Zipfel, A., in: Bericht für das Bundesministerium für Familie, Senioren, Frauen und Jugend, Computerspielsucht, Befunde der Forschung, Berlin, 2010. URL: http://www.bmfsfj.de/BMFSFJ/Service/Publikationen/publikationen,did=165448.html, Abruf am 28.01.2013

Lukesch, H., Medienwelten Jugendlicher und die Rolle von Videospielen, in: Franzmann, B., Bonfadelli, H., (eds.), Auf den Schultern von Gutenberg, Medienökologische Perspektiven der Fernsehgesellschaft, Quintessenz, Berlin, 1995, S. 185-186. URL: http://epub.uni-regensburg.de/2811/1/Medienwelten_Jugendlicher.pdf, Abruf am 26.01.2013

Spiegel (20.11.2006): Amoklauf in der Schule: „Der verhinderte Massenmord von Emsdetten", URL: http://www.spiegel.de/panorama/justiz/amoklauf-in-der-schule-der-verhinderte-massenmord-von-emsdetten-a-449622.html, Abruf am 10.01.2013

Spiegel (21.11.2006): Amoklauf in Emsdetten: „Politiker streiten über Umgang mit PC-Killerspielen", URL: http://www.spiegel.de/panorama/justiz/amoklauf-in-emsdetten-politiker-streiten-ueber-umgang-mit-pc-killerspielen-a-449729.html, Abruf am 14.01.2013

Stern (20.11.2006): Pro und Contra: „Müssen „Killerspiele" verboten werden?", URL: http://www.stern.de/digital/computer/pro-und-contra-muessen-killerspiele-verboten-werden-576908.html, Abruf am 10.01.2013

Stern (20.11.2006): Amoklauf in Emsdetten: „Ich habe mir Rache geschworen", URL: http://www.stern.de/panorama/amoklauf-in-emsdetten-ich-habe-mir-rache-geschworen-576773.html, Abruf am 10.01.2013

Stern (12.03.2009): Ego-Shooter: „Was ist eigentlich „Counter-Strike"?", URL: http://www.stern.de/digital/computer/ego-shooter-was-ist-eigentlich-counter-strike-657732.html, Abruf am 14.01.2013